HERZLICH WILLKOMMEN

Der international renommierte Künstler Thomas Radbruch (geboren 1945), Fotograf vieler Städte-Bildbände und Serien, zu seinen Lübeck-Bildern in diesem Stadtführer:

„Es ist das Geschrei der Möwen im weiten, nordischen Himmel, das leuchtend warme Rot der Backsteine, das Kupfergrün der Türme und Zinnen, das goldschimmernde, uralte Pflaster in der Nachmittagssonne.

Licht und Schatten spielen in den engen Gassen und Höfen und erzeugen magische Ecken und Winkel.

Über allem, wie die Masten eines großen Segelschiffes, die in kühlen, klaren Linien in den Himmel streben, ragen die Türme der Kirchen empor, die sich zugleich überall im Wasser spiegeln.

Mit Schätzen reich beladen wie Venedig, die südliche Verwandte, segelt Lübeck durch die Zeit der Megabits und Mikrochips."

Ihr

Thomas Radbruch

LÜBECK - HISTORIE

Im 15. Jahrhundert war Lubice, „die Liebliche", drittgrößte Stadt des Heiligen Römischen Reiches Deutscher Nation und **„Königin der Hanse"**. Es gibt zwei Merkmale, die das Erscheinungsbild der Stadt und das Selbstverständnis seiner Bürger unübersehbar geprägt haben:

Panorama des Lübecker Stadthügels aus einem Holzschnitt von 1552

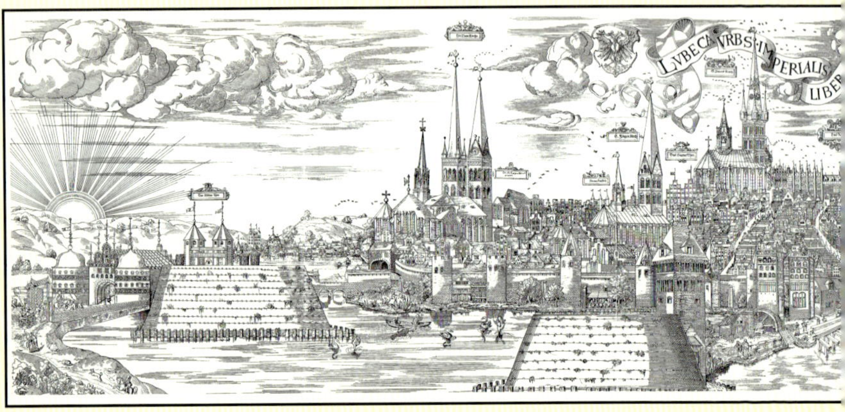

zum einen der Handel und zum anderen der Status einer reichsfreien Stadt.

Handel und Hafen sind ohne einander in Lübeck nicht denkbar. Über Lübeck führte die Route des Salzes in Richtung Skandinavien. Zum Schutz der Transportwege wurde die Hanse gegründet und mit ihrer Ausdehnung wuchs Lübecks **Macht und Reichtum**. Hanseatische Kaufleute waren integer und weltoffen. Wenn es bei einem Handel Geld zu verdienen gab, wurde nicht auf Herkunft geachtet.

Nach protestantischer Tradition waren Arbeit und Leben nicht von einander zu trennen. So beherbergten die großen **Kaufmannshäuser** im Erdgeschoß das Kontor; Keller und Dachboden dienten als Lager und im ersten Stock, der Belétage, richtete sich die Familie wohnlich ein. Durch die großen Eingangstüren im Erdgeschoß fuhren die Handelswagen direkt durch das Portal hinein.

Lübecker Stadtsiegel von 1255 mit Schiffer und Kaufmann in einem Schiff

Seit Kaiser Friedrich II. Barbarossa die Sonderrechte Lübecks im Reichsfreiheitsbrief von 1226 bestätigte, war man als reichsfreie Stadt nur noch dem römisch-deutschen Kaiser untertan und ansonsten eigenverantwortlich.

1143 **Erste deutsche Stadtgründung an der Ostsee**

1157 **Zerstörung durch Stadtbrand**

1159 **Stadt-Neugründung Heinrich der Löwe**

Mit Ausdehnung der Hanse über den Ostseeraum setzte auch die Lübsche Rechtsprechung Maßstäbe. Angesichts der Tatsache, dass die Stadt keinem Feudalherren untergeben war, übernahmen Lübecks Bürger und Kaufleute Adelsfunktion, ohne sich jedoch aus ihrer sozialen Verantwortung zu stehlen. Sie stifteten Einrichtungen für Arme und Kranke und setzten sich selbst damit ein Denkmal. Noch heute begreifen sich Lübecker Unternehmer in dieser Tradition und engagieren sich finanziell und ideell für ihre Stadt.

Das geschlossene Stadtbild mittelalterlicher Backsteinbauten begründet heute Lübecks touristische Attraktivität und seinen Platz auf der **UNESCO**-Liste als **„Weltkulturerbe der Menschheit“**. Viele Besucher genießen die Idylle der Altstadt, seine gemütlichen Gänge, die besinnliche Stimmung in den Sakralbauten und das Eintauchen in eine längst vergangene Zeit. Eine Zeit, in der genau diese mittelalterlichen Backsteinbauten ein Ausdruck von Reichtum, Macht, Unabhängigkeit, Wehrbereitschaft, Führungsanspruch und sozialer Verantwortung waren.

1161 **Bischofssitz Ursprungsort der Backsteingotik**

1226 **Freie Reichsstadt**

1241 **Hansestadt**

1293 bis 1669 **Königin der Hanse Mittelalterliche Wirtschaftsmacht**

1866 **Beitritt zum Norddeutschen Bund**

1871 **Selbstständiger Bundesstaat**

1911 **Lübeck wird Großstadt**

1942 **Ziel alliierter Bomben im Zweiten Weltkrieg**

nach 1945 **Ankunftsort von Flüchtlingen aus den Ostgebieten**

1964 **Universitätsstadt**

1987 **UNESCO-Weltkulturerbe**

RUNDGANG DURCH DIE LÜBECKER ALTSTADT

		Seite
1	Puppenbrücke	6
2	Holstentor	7
3	Salzspeicher	10
4	Museumshafen	12
5	Rathausmarkt	14
6	Marienkirche	16
7	Arkaden	24
8	Buddenbrookhaus	25
9	Schiffergesellschaft	28
10	Engelsgrube	30
11	Jakobikirche	32
12	Burgtor	36
13	Burgkloster	38
14	Burgtorhafen	40
15	Heiligen-Geist-Hospital	42
16	Königstrasse	44
17	Katharinenkirche	46
18	Günter Grass-Haus	49
19	Glockengiesserstrasse	50
20	Gänge & Gassen	52
21	St. Aegidien	54
22	St.-Annen-Museum	56
23	Mühlenstrasse	58
24	Dom	60
25	Malerwinkel	64
26	Petersgrube	66
27	Petrikirche	68
	Travemünde	70
	Veranstaltungen	74
	Informationen/Impressum	76

PUPPENBRÜCKE

„In Lübeck auf der Brücken,
Da steht der Gott Merkur,
Er zeigt in allen Stücken
Olympische Figur.
Er kannte nichts von Hemden
In seiner Götterruh',
drum kehrt er allen Fremden
Den blanken Podex zu."
Emanuel Geibel

Vom Jugendstil-Bahnhof aus erschließt sich Ihnen die Altstadtinsel auf dem schnellsten Wege über die **Puppenbrücke** ❶ in Richtung Holstentor. „Puppen" ist die liebevolle Kurzform für **8 römischen Gottheiten**, deren Figuren aus dem 18. Jahrhundert stammen.

Abgesehen von Merkur, dem Schutzgott des Handels, stehen rechts und links entlang der Brücke Spalier: der Flußgott für die Trave, die Eintracht, der Friede, die Klugheit, ein römischer Krieger der Bürgertugenden versinnbildlicht und Neptun für die Ostsee und die Freiheit.

INSIDER-TIPP

Sicher werden Sie am Ende Ihres Rundganges durch Lübeck feststellen, dass es Ihnen gefallen hat und Sie gern wiederkommen möchten. Dann kehren Sie zur Puppenbrücke zurück und fassen Sie dem Götterboten beherzt an seinen nacktes Hinterteil. Dieser glückliche Griff soll Sie zurück in die Hansestadt führen.

Bei den jetzigen Figuren handelt es sich um Kunststein-Nachgüsse. Ihre Originale aus Sandstein finden Sie im **St.-Annen-Museum**. Sämtliche Figuren wurden ausgetauscht, nachdem man festgestellt hatte, dass Abgase dem Sandstein irreparable Schäden zufügen.

HOLSTENTOR

Sobald Sie die **Puppenbrücke** überquert haben, stehen Sie auch schon vor Lübecks berühmten **Wahrzeichen**: Identifikationsobjekt der Einwohner und Hauptanziehungspunkt für alle Gäste der Stadt.

Das **Holstentor,** 2 stammt aus dem Jahre 1478, auch wenn die Inschrift über dem Durchgang etwas anderes behauptet. Seine Funktion als südwestliches Stadttor lässt sich bei einem Vergleich der beiden Gebäudeseiten erkennen. Jenseits der Innenstadt ein undurchdringliches Bollwerk in dem kleine **Schießscharten** seine Wehrhaftigkeit erahnen lassen. Auf der Stadtseite dagegen lockern Fensteröffnungen die Fassade auf, da aus dem Inneren der Stadt keine Gefahr drohte, gegen die man sich hätte wappnen müssen.

Öffnungszeiten:
April – September
10:00 bis 17:00 Uhr
Oktober – März
10:00 bis 16:00 Uhr
Montag geschlossen

Einstmals Wahrzeichen Lübecker Stadtfreiheit, beherbergt der Bau heute das Museum für Lübecker Stadt- und Seefahrtsgeschichte.

Querschnittszeichnung von Baudirektor Pieper durch den Südturm des Holstentores im Verteidigungszustand;

Bei voller Bewaffnung und Ausnutzung aller Geschützscharten verteidigten 48 Feuerwaffen die Stadt gegen landseitige Angreifer – Kanonen wurden in den unteren Geschossen abgefeuert, mit Handfeuerwaffen zielte man steil vom obersten Stockwerk herab.

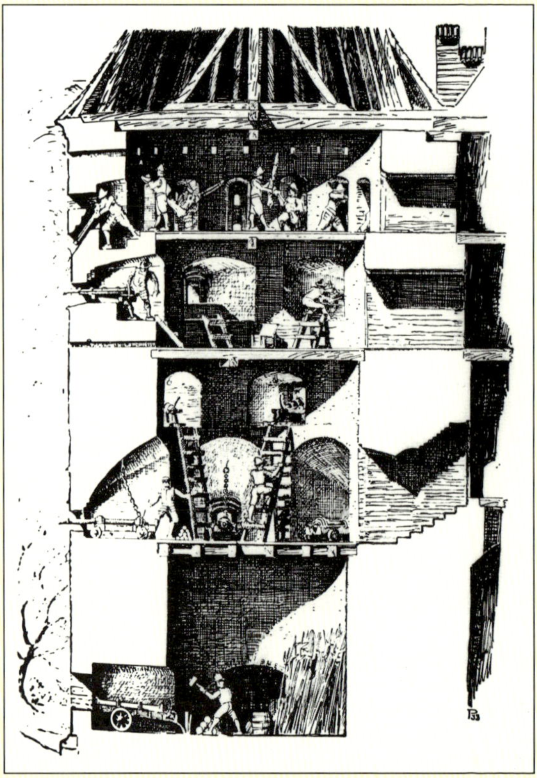

Zur Zeit der Errichtung des Holstentores ab 1460 unterstand die holsteinische Landseite vor Lübeck der Territorialmacht Dänemark.

Auch wenn der Ruhm Lübecks zu diesem Zeitpunkt bereits zu verblassen begann, wollte man als reichsfreie Stadt, die nur dem röm.-dt. Kaiser Untertan war, den Dänen vor Lübecks Toren die Stirn bieten.

Baumeister Hinrich Helmstede schuf nicht nur ein **Verteidigungswerk** für die Stadt, sondern gleichermaßen ein Denkmal hanseatischen Selbstbewußtseins und städtischen Machtanspruchs.

INSIDER-TIPP

Besuchen sie das Museum im Innern und erfahren Sie mehr über Stadt- und Seefahrtsgeschichte der „Königin der Hanse". Die Folterkammer im Kellergewölbe des Holstentores und die Vorstellungen von ihrem Gebrauch zu Zeiten des „Dunklen Mittelalters" läßt die Besucher erschauern!

Um Haaresbreite – genauer durch eine Stimme Mehrheit in der Bürgerschaft – konnte der Abriss des Holstentores im Jahre 1863 abgewendet werden. Stattdessen begannen umfangreiche Restaurierungsarbeiten, die 1871, passend zur Reichsgründung, beendet wurden und die das Holstentor leicht verändert aber in ganzer Schönheit zeigten.

Die Inschrift CONCORDIA DOMI FORIS PAX weist alle Einreisenden darauf hin, daß „Drinnen Eintracht, draußen Frieden" bewahrt werden soll.

SALZSPEICHER

Auf der gegenüberliegenden Uferseite befand sich direkt an der Trave das Wohnquartier der Stecknitzfahrer, die mit ihren Kähnen das Salz nach Lübeck treidelten.

Dicht an dicht drängen sich gleich neben dem Holstentor die ehemaligen **Salzspeicher** ❸ der Stadt. Die sechs backsteinernen **Giebelhäuser** entstanden zwischen 1579 und 1745. Ursprünglich als Lagerstätte für eingesalzene Heringe genutzt, die als Fastenspeise sehr begehrt waren und aus Schonen (Südschweden) importiert wurden, dienten die Speicher bald darauf dem lukrativeren Handel mit Salz. Aus den Lüneburger Salinen wurde das **„weiße Gold"** per Kahn über den Stecknitzkanal oder auf Fuhrwerken auf dem Landweg geliefert. Die Bundesstraße von Lübeck nach Lüneburg trägt heute noch den Namen **„Alte Salzstraße"**.

Von Lübeck aus wurde das Salz nach Skandinavien, ins Baltikum und nach Russland verschifft, wo man es zum Fischeinpökeln benötigte. Mit Pelzen, Tran und Erzen beladen kehrten die **Koggen** zurück und brachten den Kaufleuten der Stadt den Reichtum.

INSIDER-TIPP

Jenseits der Brücke, die von Holstentor und Speichern in die Stadt führt, legen offene Ausflugsboote ab, mit denen Sie Fahrten um die Altstadtinsel unternehmen können. Bei Sonnenschein genießen Sie einen herrlichen Blick vom Wasser aus auf die Häuserfassaden und dabei erfahren Sie noch viel Neues.

Die Salzspeicher wurden zu Zeiten des nationalsozialistischen Regimes als Versammlungsräume der Hitlerjugend zweckentfremdet. Heute befindet sich im Innern ein traditionsreiches **Modehaus.**

Symbole lübschen Wohlstands in Backstein: im Vordergrund die Speicher, in denen das Salz gelagert wurde; dahinter St. Marien, Kirche der Kaufleute, die mit dem „weißen Gold" handelten.

Anstatt den direkten Weg über die Holstenstraße zum Markt einzuschlagen, sollten Sie sich links halten. Nachdem Sie Holstentor und Salzspeicher hinter sich gelassen haben, biegen Sie in die Straße „An der Untertrave" ein.
Nun bummeln Sie entlang des **Museumshafens**. 4

Backsteinerne Fassaden der alten Speicher und die Marienkirche im Hintergrund.

Nostalgie pur

Unzählige alte **Oldtimer-Schiffe und Traditionssegler**, mit viel Liebe und noch mehr Mitteln restauriert und instand gehalten, präsentieren sich entlang der Kaimauer.

Die „Fridtjof Nansen" begleitete schon den norwegischen Forscher Amundsen als Proviantboot zum Nordpol.

In Zeiten des Mittelalters lagen hier die **Koggen**. Die Untertrave entlang finden Sie zwischendrin immer wieder wunderschöne alte Speicherhäuser, in denen die Ladungen der Koggen verwahrt wurden.

Auf dem Dachrand der MUK (Musik- und Kongresshalle) erinnert das Figurenensemble „Die Fremden" von Thomas Schütte an das Schicksal von über 100.000 Flüchtlingen aus dem Osten, die nach 1945 Aufnahme in Lübeck fanden.

Biegen Sie in eine der Nebenstraßen ein, vorzugsweise die **Mengstraße**, und Ihr Weg führt Sie „bergan" in Richtung Rathaus und Marienkirche.

Rechts und links gibt es eine Vielzahl historischer **Fassadenhäuser** zu entdecken. An der Ecke Mengstraße/ An der Untertrave finden Sie im **Tesdorpf-Haus** Deutschlands ältestes Wein-Importhaus seit 1678. Lassen Sie sich dort bei der Wahl eines original Lübecker Rotspons beraten und genießen Sie die historischen Räumlichkeiten.

TIP

Im Restaurant **Schabbelhaus** (Mengstr. 48-50) vermittelt das Interieur einen Eindruck vom großbürgerlichen Wohn- und Lebensstil hanseatischer Kaufleute, den Sie bei einem guten Essen noch ein wenig länger genießen sollten.

Die kreisrunden „Löcher“ in der Schauwand des Rathauses stammen aus dem Jahre 1434.

Sie minimieren den auf der Mauer lastenden Winddruck und schützen diese so vor dem Einsturz.

Die Renaissancetreppe von 1594 führte in die Kriegsstube des Rathauses.

Das **Rathaus**, als Einheit aus mehreren Stilepochen von Gotik bis Renaissance, begrenzt den **Kohlmarkt** 5 an seiner nordöstlichen Seite.

Rathaus-Führungen
Mo. – Fr. um 11:00, 12:00 und 15:00 Uhr
Änderungen aus aktuellem Anlass vorbehalten.

Durch den Arkadengang des **„Langen Hauses"** betreten Sie die Fußgängerzone der Breiten Straße. Goldschmiede boten unter den gotischen Spitzbögen einst ihre Waren feil. Von der Breiten Straße aus sehen Sie direkt gegenüber der **Renaissancetreppe** des Rathauses (1594) das Stammhaus der Firma **Niederegger**, die das **Lübecker Marzipan** weltweit bekannt machte. Auch wenn die Lübecker dieses „Haremskonfekt" nicht erfunden haben und es vermutlich über Venedig nach Lübeck kam, so stellen die Zuckerbäcker das „Marci Panis", also Brot des Markus, schon seit über 500 Jahren her.

INSIDER-TIPP

Im „Marzipan-Salon" (2. OG) des Niederegger-Stammhauses erfahren Sie mehr über die Geschichte des Marzipans und entdecken, was man mit der Zucker-Mandel-Masse alles anstellen kann. Legen Sie auf dem Rückweg einen Zwischenstopp im Café Niederegger (1. OG) ein und probieren Sie die legendäre Lübecker Nusstorte.

(Fast) alles was zu einem typischen Lübeck-Besuch gehört:
Norddeutsche Regenschauer, Pfützen auf dem Kopfsteinpflaster und Backstein wohin man auch sieht!

MARIENKIRCHE

Öffnungszeiten
April – September
10:00 – 18:00 Uhr
Oktober – März
10:00 – 16/17:00 Uhr,
je nach Helligkeit

Den höchsten Punkt der Altstadtinsel schmückt die „Grande Dame" unter den Altstadtkirchen. Die „Kirche des Rates" vereint zahllose Superlative in ihren Mauern. Ca. 1250 begonnen und 1350 vollendet, ist **St. Marien** 6 die drittgrößte Kirche Deutschlands.

Architektonisch angelehnt an Vorbilder aus Frankreich und Flandern versuchte man hier zum ersten Mal die Formensprache der **Hochgotik** von hartem Naturstein in spröden Backstein zu übertragen. Mit 38,5 m im Mittelschiff blicken Sie hinauf zum höchsten Backsteingewölbe der Welt, und an der Südseite des Baus sehen Sie die weltweit größte mechanische Orgel.

Von den Speichern am Traveufer bis hoch zu St. Marien erstreckte sich das Viertel der Kaufleute.

Rechte Seite:

Die schlanken Proportionen im Inneren der Kathedrale zwingen den Blick des Betrachters gen Himmel.

Wie auch St. Petri und große Teile der Innenstadt, brannte St. Marien nach Bombentreffern in der **Palmarum Nacht** vom 28. auf den 29. März 1942 völlig aus.

Zeugnis davon legen die **Glocken** im Südturm ab. In der Nacht des Bombenangriffs fielen sie aus der Höhe des brennenden Dachstuhls hinab und gruben sich in das Fundament. Im Zuge der vollständigen Restaurierung der Kirche beließ man die Glockentrümmer an ihrem Platz in Gedenken aller Toten fern der Heimat.

Zeitzeugen der Bombennacht erinnern sich an den Klang der Glocken über der brennenden Kirche bevor das Dach und die Turmspitzen einstürzten.

Linke Seite:

Eines der Kleinode der Kunst- und Sakralgeschichte in St. Marien:
Die Astronomische Uhr.
Um 12:00 Uhr mittags wird der Figurenlauf in Gang gesetzt und das Glockenspiel erklingt.

INSIDER-TIPP

Keine der Lübecker Innenstadtkirchen ist so reich an Legenden, wie St. Marien.

Die Sage von der Maus und dem Rosenstrauch wurde in Form einer kleinen Steinmaus in St. Marien verewigt. Suchen Sie danach und berühren Sie das Tierchen mit der linken Hand ... das bringt Glück!

Blick vom Hochchor auf die größte mechanische Orgel der Welt mit 15.000 Pfeifen.

Berühmtester Marien-Organist war Dietrich Buxtehude.

Sogar Johann Sebastian Bach reiste nach Lübeck, um ihn eigens spielen zu hören.

Rechte Seite:

Das Gewölbe St. Mariens: geschaffen als Abbild des Himmelszeltes auf Erden und inspiriert vom Glauben daran, dass Gott das Licht sei. Gotische Architektur ist niemals willkürlich. Die Farben im Innenraum, architektonische Abmessungen, Säulenzahl und Anzahl an Kreuzgewölben wurden mit Bedacht gewählt und zeigen die religiösen Bezüge mittelalterlicher Bild- und Formensprache.

Der Lübecker Künstler Lothar Malskat ergänzte während der Restaurierung vorhandener Heiligenfresken aus der Zeit um 1300 einige Motive nach eigenem Entwurf und sorgte damit 1952 für den größten Kunstfälscherskandal der jungen Bundesrepublik.

Wenn Sie mehr über die unvergleichliche Architektur St. Mariens erfahren möchten, empfehlen wir Ihnen eine **Turm- und Gewölbeführung**. Über enge Turmstiegen geht der Weg hinauf, weiter über die Gewölbedecke bis hin zum **Glockenspiel** in der Glockenstube. So lernen Sie St. Marien aus ungeahnter Höhe kennen. Besonders stimmungsvoll sind die **abendlichen Führungen**.

Festes Schuhwerk ist bei der ca. zweistündigen Führung zu empfehlen, bei Höhen- oder Platzangst raten wir von diesem Abenteuer ab.

Für die mühsame Kraxelei über die engen Turmstiegen bis hinauf aufs Dach entschädigt Sie ein wundervoller Blick auf die Altstadt.

Turm- und Gewölbeführungen von April – September samstags 15:15 Uhr, in den Sommermonaten auch mittwochs 15:15 Uhr, im Juni zusätzlich auch am Abend.

Blick durch den Arkadenkreuzgang auf die Rückseite des Rathauses. Vor den Ratssitzungen war das Gebet in der Bürgermeisterkapelle St. Mariens eine Pflicht der Ratsherren.

Die Fußgängerzone abwärts, unmittelbar zwischen St. Marien und dem **Kanzleigebäude** führt Sie ein romantischer **Arkadengang** 7 bis vor die Türen des **Buddenbrookhauses** in der Mengstraße 4. Das Kanzleigebäude diente ab 1484 als Schreibstube des Rates und wurde Stück für Stück erweitert und ausgebaut.

Auch wenn in diesem Haus nicht die Wiege von Thomas und Heinrich Mann stand, so haben die Beiden doch einen bedeutenden Teil ihrer Kindheit hier verbracht. Das **Buddenbrookhaus** 8 gehörte ihrem Großvater und diente mit seinen gotischen Kellergewölben dem Vater der weltbekannten Literaten als Kontor und Lagerraum.

Öffnungszeiten:
bis 31.3. Montag – Sonntag
10:00 – 17:00 Uhr
ab 1.4. Montag – Sonntag
10:00 – 18:00 Uhr
Infotelefon: 0451-122 41 92

www.buddenbrookhaus.de

Schon im ersten Kapitel der Buddenbrooks wird das Gebäude genau beschrieben.

Seit der Neueröffnung des **„Heinrich-und-Thomas-Mann-Zentrums"** im Juni 2000 informieren feste Ausstellungen über den Roman, seinen Autor und dessen Familie. Im Parterre besuchen Sie „Die Manns – eine Schriftstellerfamilie" und im zweiten Stock erfahren Sie mehr über „Die Buddenbrooks – ein Jahrhundertroman". Die Räume in der Belétage wurden nach Thomas Manns Schilderungen in den „Buddenbrooks" gestaltet. Sie zeigen nicht das häusliche Leben der Familie Mann.

Ein „begehbarer Roman": Durchgang vom „Götterzimmer" in das „Landschaftszimmer" mit Taufkelch und Familienbibel der Manns

Dass in dem 1901 erschienenen Roman eine Ähnlichkeit mit lebenden Personen nicht rein zufällig, sondern durchaus beabsichtigt war, bedeutete für Lübecker Honoratioren, die sich, mit einem anderen Namen versehen, als Typen im Roman wiedererkannten, ein enormes Ärgernis. Der **Literaturnobelpreis** von 1929 an Thomas Mann konnte das Lübecker Bürgertum, welches seine „Hanseatische Geisteshaltung" nun in der Weltliteratur verewigt sah, nur teilweise versöhnen.

Benannt nach dem Verleger und „Entdecker" Thomas Manns, beherbergt die Samuel-Fischer-Bibliothek hinter der dicken Eichen-Verschalung eine umfangreiche Sammlung zur Famile Mann, die wissenschaftlichen Forschungen zur Verfügung steht.

Das „Götterzimmer":

Damit der Leser sich nicht vollends von seinen imaginierten Räumen verabschieden muss, bleiben Teile des Interieurs verhüllt.

TAXI
Verkehrs-
führung
geändert

Weiter die Fußgängerzone in die Breite Straße hinunter halten Sie auf **St. Jakobi**, die Kirche der Schiffer- und Seefahrer, zu. Genau gegenüber lädt die **Schiffergesellschaft** 9 als „klassischste Kneipe der Welt" ein. 1535 als Amts- und Versammlungsraum der Schifferbruderschaft gegründet, werden die ursprünglichen Räumlichkeiten heute als **Restaurant** genutzt.

Der Gotteskeller in den Gewölben unter der Schiffergesellschaft empfiehlt sich für einen guten Schluck in christlicher Seefahrer-Atmosphäre.

Gegründet im Jahre 1401 als **Nikolaus-Bruderschaft** setzte sich diese anfängliche Notgemeinschaft in der Folgezeit für soziale Belange ein. Jedes „in See stechen" bedeutete damals, das Risiko einzugehen, von dieser Reise nicht mehr zurückzukehren. Die hinterbliebenen Witwen und Waisen erfuhren ebenso wie anderweitig Bedürftige Unterstützung.

Noch heute kann Mitglied der Schiffergesellschaft werden, wer ein **Kapitänspatent** für die große Fahrt besitzt, ein Seeschiff fährt oder gefahren hat und in der näheren Umgebung Lübecks wohnt.

Nehmen Sie in der Schiffergesellschaft an echten Schiffsplanken, den „Gelagen", platz. Bevor Sie sich an der reichen Innenausstattung „sattsehen", probieren Sie lieber ein typisches Seefahrergericht wie Labskaus. Diese Speise gibt einen Eindruck davon, mit welch beschränkten (Lebens)mitteln man einst an Bord auskommen mußte.

ENGELSGRUBE

Engelsgrube – ihr Name geht nicht auf die geflügelten Himmelsgeschöpfe zurück, wie man durch die Nähe zu St. Jakobi vermuten mag, sondern auf die Engländer, denen zu Zeiten der Hanse dieser Teil des Hafens zugewiesen wurde, um ihre Schiffe zu löschen und zu beladen.

Wendet man sich an der Schiffergesellschaft nicht St. Jakobi zu, sondern in Richtung Traveufer, dann geht es die **Engelsgrube** 10 hinunter. Rechts und links die Engelsgrube abwärts finden Sie beiderseits der Straße unzählige **Wohngänge**, in denen dereinst Kistenträger und Salzpacker ansässig waren.

Echte Gruben-Atmösphare: In den verkehrsberuhigten Gruben und Gängen wird im Sommer wieder auf der Straße gespielt.

An der Hausnummer 43 verbindet der Bäckergang, als einziger in ganz Lübeck, zwei Gruben miteinander.

Auch wenn die liebevoll restaurierten **Gängequartiere** den Charme eines Freilichtmuseums besitzen, so handelt es sich doch um vitale Wohngebiete, in denen alltägliches Leben stattfindet.

Rechte Seite: Blick in die Fischergrube: Gruben und Straßen der Altstadt tragen noch heute den Namen der Berufsgruppe, die früher dort wohnte und arbeitete.

JAKOBIKIRCHE

Als Liebhaber anspruchsvoller Kirchenmusik sollten Sie sich über die aktuellen Konzerttermine in St. Jakobi informieren. Die kleinere Stellwagen-Orgel aus dem 16. Jahrhundert und die Größere aus dem Jahre 1504 haben die Orgelkonzerte in St. Jakobi berühmt gemacht.

St. Jakobi, 11 die Kirche der Schiffer und Seefahrer, wurde 1227 erstmals erwähnt. Im Gegensatz zu St. Marien und St. Petri hat sie den Bombenangriff 1942 unbeschadet überstanden, so dass ihre Kunstschätze wie der **Brömse-Altar** aus dem 15. Jahrhundert und die freigelegten **Wandmalereien** mit Apostel- und Heiligenabbildungen aus dem 14. Jahrhundert bis heute erhalten werden konnten.

Für skandinavische Pilger des Mittelalters war St. Jakobi feste Anlaufstelle auf ihrem Weg zum Jakobusgrab in Santiago de Compostella, Spanien.

Das Schwesterschiff der „Pamir", die Viermastbark „Passat", liegt heute fest in Lübeck-Travemünde vor Anker.

Ein Dokument der jüngeren Seefahrtsgeschichte ist in der nördlichen Turmkapelle zu finden. Das letzte **Rettungsboot der „Pamir"** erinnert an den Untergang des Segelschulschiffes im Jahre 1957. Als die Viermastbark im Orkan auf dem Atlantik sank, wurden von der 86-köpfigen Besatzung nur 6 Mann gerettet. Das geborgene Rettungsboot ist heute Gedenkstätte für alle auf dem Meer gebliebenen Seeleute.

Ein Blick in die Glockenstube St. Jakobis.

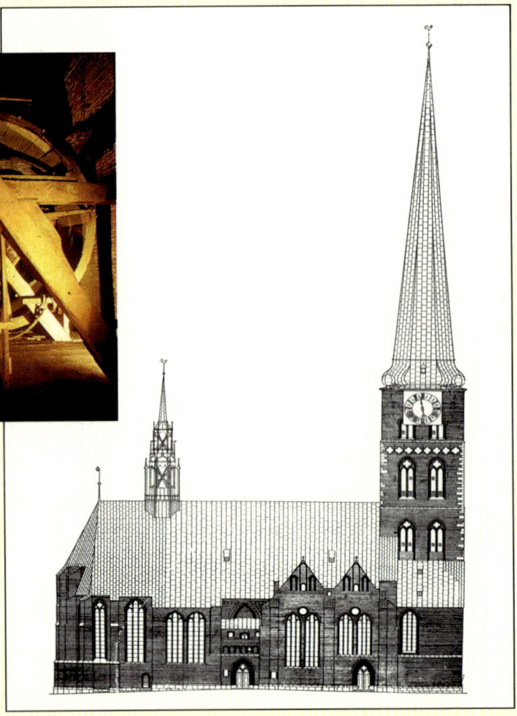

Rechte Seite:

Zwischen Engelsgrube, St. Jakobi und dem Burgtor lebten die Seeschiffer im Maria-Magdalenen-Quartier, benannt nach dem heutigen Burgkloster.

Eine Aussicht, die sonst nur den Tauben vorbehalten bleibt:
Blick über die Breite Straße in Richtung St. Marien.

Sobald Sie in die **Große Burgstraße** einbiegen, sehen Sie schon das **Burgtor** 12 am Ende hoch aufragen. 1224 erstmals urkundlich erwähnt, wurde der romanische Turm 1444 um vier Etagen aufgestockt. Das ursprüngliche hohe Spitzdach geriet 1685 in Brand und man tauschte es, dem Geschmack der Zeit entsprechend, gegen eine barocke Haube aus, die im Gegensatz zu vielen Kupferdächern der Stadt nicht mit der schimmernden Patina des Grünspans belegt ist. Rechts und links des Burgtores finden sich die Überreste der mittelalterlichen **Stadtmauer**.

Linke Seite:
Der Wechsel von glasierten und unglasierten Backsteinen ergibt das rot-schwarze Ringelmuster des Burgtores.

Wenn Sie die Altstadtinsel von Norden kommend durch das Burgtor erobern wollen, dann befinden Sie sich in nobler Gesellschaft.
Bereits 1806 brach **Marschall Bernadotte** auf diesem Weg in die von Blücher verteidigte Stadt ein. Der preußische General ging aber nicht „ran", wie uns das Sprichwort glauben machen will, sondern nahm mit seinen Truppen Reißaus, bis man ihn in Ratekau stellte. Noch heute zeugt dort die **„Blüchereiche"** von diesem Ereignis.

INSIDER-TIPP

Nehmen Sie von Lübeck aus einen der Doppeldeckerbusse der LVG nach Travemünde und suchen Sie sich auf dem Oberdeck einen Platz in der ersten Reihe (Abfahrt an der Untertrave). Für einen Moment wird Ihnen der Atem stocken, wenn der Fahrer sein Ungetüm virtuos durch den Torbogen des Burgtores bugsiert.

Links neben dem Burgtor waren im „Marstall" die Pferde und der Fuhrpark des Rates untergebracht.

BURGKLOSTER

Öffnungszeiten
April – September
10:00 bis 17:00 Uhr
Oktober – März
10:00 bis 16:00 Uhr
Montag geschlossen
1. Donnerstag im Monat
bis 21:00 Uhr geöffnet

Das **Kulturforum Burgkloster** 13 erreichen Sie von der Innenstadt kommend über einen spitzbogigen Torweg, vor dem Burgtor linke Hand. Diese bedeutendste der mittelalterlichen **Klosteranlagen** Norddeutschlands wurde Anno Domini 1229 als Maria-Magdalenen-Kloster gegründet.

Am Namenstag der Heiligen Maria-Magdalena, dem 22. Juli, besiegten deutsche Fürsten in der Schlacht von Bornhöved die dänischen Truppen und beendeten damit deren Vorherrschaft im Ostseeraum. Als Dank dafür, dass Gott ihnen diesen Sieg geschenkt hat, errichteten die Lübecker auf dem von den Dänen bis dato beanspruch-

ten Grund und Boden innerhalb der Stadtmauern ein **Dominikanerkloster**.

Im Laufe der Geschichte wurde das Kloster als Armenhaus, Gericht und Untersuchungsgefängnis genutzt. Die uralten Mauern erlebten ihren dunkelsten Moment, als im Jahre 1943 der „Christenprozess" mit dem Tode vier Geistlicher endete, die mutig von der Kanzel aus dem nationalsozialistischen Regime Widerstand leisteten.

INSIDER-TIPP

In den imposanten Kellergewölben des Burgklosters finden Sie den „Schatz des Hansekaufmanns", als feste Ausstellung. Im Jahre 1984 baggerte man bei Erdarbeiten eine Holzkiste frei, die unzählige europäische Gold- und Silbermünzen enthielt. Diese kostbare Entdeckung stellte sich als „Wechselkasse" eines lübschen Kaufmannes heraus und dokumentiert die weitreichenden Handelsbeziehungen der Hansestadt.

Seit seiner Restaurierung durch das Land Schleswig-Holstein dient das Kulturforum Burgkloster der Hansestadt Lübeck als **kulturelles Zentrum**. Wechselnde Veranstaltungen über Kunst, Architektur, Geschichte der Hanse und des Ostseeraumes, Philosophie und Zeitgeschichte, aber auch Musik, Schauspiel und Lesungen haben hier eine Heimstatt gefunden.

Die alljährliche Museumsnacht im September bietet mit Sonderveranstaltungen, verlängerten Öffnungszeiten und einem ermäßigten Familien-Ticket für alle Lübecker Kulturstätten keine Chance mehr, mit Kulturmuffel-Ausreden auf der Couch sitzen zu bleiben.

Architektonische Umsetzung von Stille und Gebet: Mittelalterliche Klosterbaukunst in ihrer puren Form sehen Sie im Refektorium des Burgklosters.

Schuppen 6 an der Untertrave lockt Besucher mit Live-Musik

Vom Burgkloster führen engen Gassen und Treppen herunter zum **Burgtorhafen**. 14 Die alten Lagerschuppen am Kai wurden in den neunziger Jahren umgebaut und sind heute Veranstaltungsorte mit gemütlich-rustikaler Atmosphäre.

Die Untertrave weiter in Richtung Holstentor finden Sie einen der ältesten Speicher der Stadt.

Einstmals im Besitz der Familie Mann hat sich heute unter den niedrigen Decken ein Auktionshaus eingerichtet.

„Die Eiche" (An der Untertrave 34) – ist ein Geheimtipp für Liebhaber von antiker Kunst und Trödel.

HEILIGEN-GEIST-HOSPITAL

Öffnungszeiten
April – September
10:00 bis 17:00 Uhr
Oktober – März
10:00 bis 16:00 Uhr
Montag geschlossen

Glockenspiel
um 9:55, 11:55, 15:55
und 17:55 Uhr

Im Schulterschluß mit St. Jakobi grenzt das **Heiligen-Geist-Hospital** (15) ebenfalls an den Koberg.

Dereinst als Wohlfahrtseinrichtung für Arme und Kranke von Lübecker Kaufleuten gestiftet, war es nicht nur eine der **ältesten Sozialeinrichtungen Deutschlands**, sondern gleichzeitig eines der bedeutendsten Monumentalbauwerke des Mittelalters.

Parallel zu St. Jakobi und mit wunderschönem Ausblick auf den Koberg stehen die „Pastorenhäuser" von 1604. Seit ihrer aufwendigen Restaurierung werden sie für Gemeindezwecke genutzt.

Durch das grüne Eingangsportal betritt man den ältesten Teil der Anlage. Schmuckstück der Kirche sind die **Malereien der Lettnerbrüstung**. Auf 23 Eichenholztafeln ist die **Elisabeth-Legende** dargestellt. Aus dem 14. Jahrhundert stammend gehören sie zu den bedeutendsten mittelalterlichen **Wandmalereien** der Stadt.

In den gewaltigen Kellergewölben, früher als Lagerräume und Warendepot genutzt, befindet sich seit 1955 eine Weinstube, die im Laufe der Zeit um ein Restaurant erweitert wurde. Rund um den Koberg laden **Restaurants, Bistros und Cafés** zum gemütlichen „draußen sitzen" ein!

Blick über den Dachreiter des Heiligen-Geist-Klosters, der dem Stil des 17. Jahrhunderts entspricht.

Es wohnten noch bis in die siebziger Jahre alte und pflegebedürftige Menschen in den hölzernen Kämmerchen von 4-6 m², die „Kabäuschen“ genannt werden.

Die Götterstatuen auf dem Behnhaus verkörpern wichtige Attribute und Eigenschaften, die einen erfolgreichen Kaufmann auszeichnen. So finden sich u. a. die Vorsicht, das Glück und die Hoffnung.

Folgen Sie der **Königstraße** 16 weiter hinauf, entdecken Sie die Häuser Nr. 9 und 11, als zwei der schönsten klassizistischen Bauten der Stadt.

Behnhaus

Mit seiner großen und repräsentativen Dielenanlage im Innern und seiner von Götterbildern gekrönten oberen Balustrade der Fassade gilt es als eines der letzten lübschen

Der „Blaue Salon" im Behnhaus.

Museum Drägerhaus – Flügelsaal.

Bürgerhäuser großen Stils. Bereits 1920 kauften Lübecker Kunstfreunde den Bau und stellten ihn der Stadt als **Museum** zur Verfügung.

Seit seiner Eröffnung im Jahre 1923 ist das Behnhaus ein **Museum** für Gemälde, Kunsthandwerk und Skulpturen des 19. und 20. Jahrhunderts. Neben Werken von Edvard Munch finden sich Protagonisten des Deutschen Impressionismus, wie Liebermann, Slevogt und Corinth. Vertreter des 19. Jahrhunderts sind der Lübecker Friedrich Overbeck und Caspar David Friedrich.

INSIDER-TIPP

Kopf hoch! Und das im wahrsten Sinne. Die Schönheit der Fassaden zeigt sich bei einigen Häusern der Innenstadt erst in den oberen Etagen (siehe Behnhaus-Statuen).

Im Garten des Behnhauses zeigt die **Overbeck-Gesellschaft** als Verein von Kunstfreunden in ihrem Pavillion internationale Kunst von der klassischen Moderne bis zur Gegenwart.

Drägerhaus

Hausnummer 9 konnte dank einer **Stiftung von Dr. Heinrich Dräger**, einem Lübecker Industriellen und Mäzen der Stadt, angekauft und restauriert werden. Sie finden im Erdgeschoß des Gartenflügels die einzige, noch vollständig in Lübeck erhaltene Festraumfolge des 18. Jahrhunderts. Im ersten Stock werden Intérieurs des Biedermeiers und Kunstgewerbe der Moderne gezeigt.

Öffnungszeiten
Behnhaus + Drägerhaus
April – September
10:00 – 17:00 Uhr
Oktober – März
10:00 – 16:00 Uhr

Montag geschlossen

1. Donnerstag im Monat bis 21:00 Uhr geöffnet

KATHARINENKIRCHE

Öffnungszeiten
April – September
10:00 - 13:00 und
14:00 – 17:00 Uhr
Montag geschlossen

St. Katharinen 17 ist die einzige erhaltene **Klosterkirche** Lübecks, sie war das Herzstück des Franziskanerordens im gesamten Ostseeraum. Im Gegensatz zu den anderen fünf Innenstadtkirchen, die Lübecks weithin sichtbare Silhouette der sieben Turmspitzen ergeben, besitzt St. Katharinen **keinen Turm**. Die Ordensregeln der Franziskaner ließen diesen Luxus nicht zu. Auch St. Katharinen verdankt ihre heutige Größe und Ausdehnung den **Pestepidemien**, die Lübeck heimsuchten. Der reichliche Spendenfluß erlaubte die Errichtung der gotischen Basilika auf dem Erbe ihrer romanischen Vorgängerin.

INSIDER-TIPP

Wenn Sie Ihre Knirpse für Kirchenbesichtigungen begeistern möchten, dann schauen Sie sich doch gemeinsam im Kreuzgewölbe die Schlußsteine der schlanken Kalksteinsäulen an. Sie alle zeigen Darstellungen aus der Fabel „Reineke Fuchs".

Ernst Barlachs drei Figuren „Frau im Wind", „Bettler" und „Singender Klosterschüler" (Bild unten) sind nur die ersten drei eines auf zwölf Figuren angelegten Zyklus „Gemeinschaft der Heiligen".

Zwischen 1930 und 1932 entstand Barlachs Trio, dann zensierten die Nazis seine Kunst als „entartet". Das Werk blieb zunächst unvollendet und die Figuren verschwanden in den Kellergewölben.

Katharina von Alexandria, die Namensgeberin der Kirche, galt der Legende nach als schöne und überaus gebildete Frau. Für die Verteidigung ihres Glaubens wurde sie gefoltert, aufs Rad geflochten und fand den Märtyrertod.

Während der Restaurierung 1949 vollendete der Hamburger Bildhauer Gerhard Marcks das Figurenfries.
In St. Katharinen, seit 1806 profanisiert und als Museum genutzt, finden Sie ein „Kunst-Highlight" innerhalb der Kirchenmauern. „Die Auferweckung des Lazarus" von **Jacopo Tintoretto** aus dem Jahre 1578 können Sie (nach Einwurf einer Münze auch beleuchtet) bewundern.

Zeitnah zur Verleihung des Literatur-Nobelpreises 1999, eröffnete 2002 das **Günter Grass-Haus** 18 als „Forum für Literatur und bildende Kunst" in der **Glockengießerstraße 21**. Als Autor der Danziger Trilogie, bestehend aus der „Blechtrommel", „Katz und Maus" und „Hundejahre" hat Grass Weltruhm erlangt. Sein künstlerisches Oeuvre als studierter Bildhauer und Graphiker ist in seinem Umfang weniger bekannt. Diesem Defizit schafft eine Ausstellung seiner Plastiken im **Skulpturengarten** Abhilfe. Die Grass-Sammlung umfasst den Gesamtbestand an druck-graphischen Arbeiten, Dokumente seiner literarischen Arbeit nach 1995, eine Fachbibliothek und ein Archiv. Als Ausstellungs- und Forschungsstätte über künstlerische Mehrfachbegabungen ist das Günter Grass-Haus ebenfalls Forum für ständig **wechselnde Veranstaltungen** zu diesem Thema.

Öffnungszeiten
Täglich 10:00 bis 17:00 Uhr
Infotelefon: 0451-122 41 92

www.guenter-grass-haus.de

Das Kunsthaus Lübeck vertritt das graphische und bildhauerische Werk von Günter Grass, sowie das bildnerische Werk von Armin Mueller-Stahl und ist nur wenige Meter vom Günter Grass-Haus entfernt, in der Königstraße 20.

Skulptur „Butt im Griff" im Innenhof des Günter Grass-Hauses – gestiftet von Erika und Frank-Thomas Gaulin.

Entlang der Außenmauer St. Katharinens geht es die **Glockengießerstraße** 19 hinab. Auch wenn es nicht von guter Erziehung zeugt, anderen Leuten in die Fenster zu schauen, sollten Sie doch auf Höfe und Gänge entlang der Straße achten.

In der Altstadt haben sogenannte **„Lübecker Wohnstifte"** eine lange Tradition, die sich bis ins Mittelalter zurückverfolgen läßt. Wohlhabende Bürger der Stadt nahmen soziale Verantwortung durch Stiftungen wahr, wohl auch in der stillen Hoffnung, dem Platz im Paradies damit ein Stück näher zu rücken. Es wurden Einrichtungen für Alte und Arme geschaffen, wie auch für Witwen und Waisen von Schiffern und Kaufleuten.

Füchtingshof, Glockengießerstraße 23-27, ist mit ursprünglich 21 Wohnungen der größ-

INSIDER-TIPP

Neben dem Günter-Grass-Haus in der Glockengießerstraße finden Sie das Foto-Atelier von Thomas Radbruch. Während der Öffnungszeiten Di. – So. von 11:00 bis 18:00 Uhr finden Sie dort sämtliche seiner Bilder, Bücher und Kunstpostkarten.

Auf Anfrage entsteht in seinem Portraitstudio Ihre ganz persönliche Erinnerung.
Anmeldung unter: 04 51/70 70 391 + 0171/216 38 15

te und prächtigste **Stiftungshof**. Kaufmann und Ratsherr Johann Füchting bestimmte ein Drittel seines Nachlasses „zum Nutzen und Besten der Armen" und finanzierte damit den Bau der Unterkünfte.

Glandorps Hof und Illhornstift, Glockengießerstraße 39-53. Glandorps Hof ist der Älteste unter den großen Stiftungshöfen und verdankt seinen Bau ebenfalls einem Ratsherrn und Kaufmann: Johann Glandorp.

Daran angrenzend im Glandorps Gang lebten einst mittellose Kaufmanns- und Handwerkerwitwen, jede in einer Bude von $16 m^2$ Fläche. Eine aufwändige Sanierung des gesamten Komplexes wurde 1977 abgeschlossen.

Hinter mittelalterlicher Fassade befinden sich heute moderne Wohneinheiten für Senioren, Behinderte und kinderreiche Familien. Der ursprüngliche Stiftungszweck wurde unter zeitgemäßen Vorzeichen beibehalten.

Füchtingshof in der Glockengießerstraße. Am Ende ragt im ersten Stock das Vorsteherzimmer aus der Häuserflucht heraus in den Hof.

Die Stiftsvorsteherin hatte von dort aus das hofseitige Treiben im Blick und sorgte für Ruhe und Ordnung.

Der Füchtingshof ist täglich von 9:00 – 12:00 und 15:00 – 17:00 Uhr zu besichtigen. Bitte nehmen Sie beim Betreten der Stiftshöfe Rücksicht auf die Bewohner.

Romantische Gänge und edle Läden

Wenn Sie diesem Stadtführer bisher vertrauensvoll gefolgt sind, befinden Sie sich jetzt mitten in der Glockengießerstraße. Nun führen viele Wege zu unserer nächsten Station, der St. Aegidien-Kirche.

Sind Sie vielleicht doch eher der **Shopping-Typ?** Dann empfehlen wir Ihnen den Rückweg durch die Königstraße.

INSIDER-TIPP

Auch wenn Sie es hier nicht gleich vermuten, befinden sich in der Glockengießerstraße einige ganz besondere Läden mit romantischen Hinterhöfen und jeder Menge „lübschen" Flairs. Hier finden Sie von edler Floristik über exotisch farbenprächtige Wohnaccessoires, exklusivem Schmuckdesign bis hin zu außergewöhnlicher Gewandschneiderei – nehmen Sie sich die Zeit und schauen einfach „mal rein".

Auf dieser Route finden Sie die Löwen-Apotheke (das älteste gotische Bürgerhaus Lübecks), die **König-Passage** für lange Einkaufstouren auf kurzen Wegen, **Eisdielen, Buchtempel, Modeboutiquen, Cafés, Kaufhäuser und Schuhgeschäfte**.

In **Fleischhauer-, Hüx- und Wahmstraße** werden Sie garantiert fündig.
Besonders die Hüxstraße bietet individuelles **Shopping-Flair** – neben Delikatessen, Designermode, moderner Kunst, extravagantem Schmuck oder Kaffee- und Teespezialitäten finden Sie hier auch Stoffe, Kunst, Antiquitäten, Bücher und exklusives Interieur. Zur Stärkung Ihrer Lebensgeister laden einige empfehlenswerte **Restaurants und Cafés** mit ihren Gärten und Terrassen im Innenhof zum Draußensitzen ein. Die ehemalige Remise der **„Alten Rösterei"** (Wahmstraße 43-45) beherbergt heute – statt Fuhrwerken, Kutschen und Pferden – ein charmantes Bistro mit „Open-Air" Sitzgelegenheiten.

Oder haben Sie immer noch nicht genug von engen **Gängen**, 20 schiefen Häusern, mittelalterlichen Fassaden und Kopfsteinpflaster? Dann sollten Sie die Glockengießerstraße abwärts gehen und rechter Hand einbiegen. Durch die Gassen Tünkenhagen, Rosengarten, Bei St. Johannis, Schlumacherstraße, Balauer Fohr und die St.-Annen-Straße halten sie geradeaus und geradewegs auf die St. Aegidienkirche zu.

ST. AEGIDIEN

Öffnungszeiten
Di. – Sa. 10:30 – 12:00
und 15:00 – 16:00 Uhr
Oktober – März
14:00 – 15:00 Uhr

Gegenüber der Kirche im Aegidienhof ist das Marli-Café und Restaurant durchgehend geöffnet. Großzügige Fenster bieten einen großartigen Blick auf den schattigen Kirchhof. Betrieben wird das Café von den Marli-Werkstätten, einer gemeinnützigen Einrichtung für behinderte Menschen.

Klein aber fein kann für **St. Aegidien** 21 festgehalten werden. Sie ist die Kleinste unter allen Lübecker Innenstadtkirchen, ein dreischiffiger Hallenbau mit erhöhtem Mittelschiff und nach alter Tradition Kirche der Handwerker und Kämmerer, die damals in diesem Teil der Innenstadt wohnten und arbeiteten. Im Inneren des Gotteshauses wurden, versteckt unter weiß getünchten Wänden, gotische **Wandmalereien** freigelegt. Archäologen und Historiker gehen davon aus, dass im Mittelalter die gesamte Kirche auf diese Art ausgemalt war. Zur Weihnachtszeit wird seit 1921 ein Niederdeutsches Krippenspiel aufgeführt. Im Sommer lädt der schattige **Kirchhof** St. Aegidiens zum Verschnaufen ein.

Der quadratische Turm hat eine Höhe von 85 m, wurde 1840 restauriert und ähnelt den Türmen von St. Marien.

ST.-ANNEN-MUSEUM

Im Frühjahr 2003 öffnete die Kunsthalle St. Annen ihre Pforten. Kunst, Fotografie und Plastiken nach 1945 werden neben ständig wechselnden Ausstellungen gezeigt.

Als Klosterbau für den Orden der Augustinerinnen 1502 fertiggestellt, ereilte die Reformation Norddeutschland schneller als gedacht, so dass sich das Kloster bereits 1532 auflöste. **St. Annen** (22) diente seitdem in vielerlei Funktionen; 1915 wurde ein **Museum** in seinen Mauern eingerichtet, dessen Schwerpunkt auf kirchlicher Kunst des Mittelalters liegt.

In direkter Nähe zum St. Annen-Museum befindet sich die Synagoge der jüdischen Gemeinde in Lübeck. 1880 als Kuppelbau im orientalisch-arabesken Stil eingeweiht, wurde sie in der Pogromnacht vom 9. Nov. 1938 geplündert und in Brand gesetzt. 1945 wurde sie in den Besitz der jüdischen Gemeinde zurückgegeben und wiederhergestellt.

Das gotische Gebäude, in dem u.a. Kreuzgang, Refektorium und Kapitelsaal eine geschlossene Raumfolge bilden, besitzt die größte Sammlung vollständig erhaltener **Schnitzaltäre** in Deutschland. Alle Exponate stammen aus Lübeck und belegen den Reichtum der Hansestadt im Mittelalter.

Die Sammlung der Altäre im gotischen Ambiente St. Annens ergeben im Zusammenspiel ein beeindruckendes Gesamtkunstwerk. In den oberen Etagen, die in späteren Zeiten aufgesetzt worden sind, erhält der Besucher einen Eindruck von **bürgerlicher Wohnkultur Lübecks**. Möbel, Porzellan, Fayencen, Silber und Spielzeug vom Mittelalter bis ins 19. Jahrhundert sind zu sehen. Ganze Räume wurden im Stil einzelner Epochen gestaltet, von den Möbeln bis zur seidenen Wandbespannung aus Italien.

Rechte Seite:
Die Domtürme und ein Teil des Langhauses. Trotz ständiger Änderung der Baupläne ergibt die Erweiterung von romanischer Basilika zu gotischer Hallenkirche ein harmonisches Ganzes.

An der Einmündung **St.-Annen-Straße/Mühlenstraße** 23 sollten Sie unbedingt auf Ihr Bauchgefühl hören! Wenn Ihnen der Sinn nach Bratkartoffeln, Quiche Lorraine, Spaghetti Carbonara oder Chili con Carne steht, oder auch nur nach Kaffee mit Muffin oder Bagel, dann biegen Sie besser sofort links ab!

Kulinarische Genüsse

Die Mühlenstraße entlang in Richtung Mühlenbrücke fällt bei großer Auswahl an Restaurants und Cafés eine Entscheidung schwer:

In Traditions-Kneipen finden Sie sowohl kleine Snacks, wie auch deftige Hausmannskost. **Restaurants und Bistros** am Krähenteich verführen in den Sommermonaten mit beschaulichen Bierterrassen zum **„Draußen-sitzen-und-Leute-gucken"**.

Ob französisches Bistro-Flair, Szene-Treff, Tex-Mex Bar oder der klassische „Italiener" ist nach eigenem Gusto zu wählen. Der kleine „Milbridge" Coffee-Shop bietet dem anspruchsvollen Kenner der gerösteten Bohne eine unerschöpfliche Auswahl, die Sie auch mitnehmen können.

Abgesehen vom Holsten- und vom Burgtor, gehörten noch zwei andere Tore zur Lübecker Stadtbefestigung: das **Mühlentor** und das **Hüxtertor**. Von beiden sind keine Überreste mehr vorhanden.

Fassadenzeile der „Musterbahn" mit Blick links auf den „Alten Zolln".
Bevor es zum Militär ging, wurden hier die Rekruten auf ihre Tauglichkeit „gemustert".
Beim „Alten Zolln" handelt es sich um ein ehemaliges Zollhaus und eine der ältesten Kneipen Lübecks, die durch ihre urige Atmosphäre besticht.

Die St.-Annen-Straße bis zum Ende gegangen und die Mühlenstraße überquert, führt Sie ihr Weg durchs Fegefeuer ins Paradies.

Das **„Fegefeuer"** als Abzweigung der Mühlenstraße mündet vor dem nördlichen Vorbau des **Doms**, 24 dem **„Paradies"**. Da der Dombezirk nicht der weltlichen Rechtsprechung unterlag, diente die offene Eingangshalle Verfolgten als Freistätte, sie konnten nicht belangt werden. Außerdem speiste man hier die Armen und gab Almosen aus. Vermutlich erhielt der Anbau dadurch die Bezeichnung „Paradies".

Als älteste Kirche Lübecks, geht ihre Grundsteinlegung als Backsteinbasilika auf **Heinrich den Löwen** und das Jahr 1173 zurück.

Öffnungszeiten
April – September
10:00 – 18:00 Uhr
Oktober – März
10:00 – 15:00 Uhr

Linke Seite:

Das Triumphkreuz im Dom stammt aus der Werkstatt Bernt Notkes und entstand um 1477. Im Hintergrund teilte der ebenfalls von Notke geschaffene „Lettner" den Chorraum der Bischöfe und Domherren ab.

Der ursprünglich romanische Kern wurde mit gotischem Ostchor zur Hallenkirche umgestaltet, später dann barock verziert und ausgestaltet. Alle drei Stilrichtungen finden Sie im Dom harmonisch miteinander verbunden.

Die Überlieferung besagt, dass **Heinrich der Löwe** den Dom auf einer Quelle errichtete, die von Heiden als heilig verehrt wurde.
Er statuierte damit ein Exempel für das Ende der Götzenverehrung in der Stadt, die er als Bischofssitz bestimmt hatte.

INSIDER-TIPP

Direkt neben dem Domeingang ist die Völkerkunde-Sammlung im alten Zeughaus untergebracht. Kunstobjekte, Dinge des alltäglichen Gebrauchs und religiöse Kultgegenstände aus aller Welt wurden hier zusammengetragen. Berühmtestes Ausstellungsobjekt ist die erste nach Deutschland gelangte Mumie aus Ägypten, die von einem Lübecker Apotheker erworben wurde.

Öffnungszeiten Völkerkunde-Museum:
April - September
10:00 – 17:00 Uhr
Oktober – März
10:00 – 16:00 Uhr
Montag geschlossen

Da die Quelle nicht vollständig verschüttet werden konnte, bahnte sie sich wieder ihren Weg und unterspülte das Fundament. Daher stehen die beiden Domtürme heute schief.

Dom bei Nacht

In den Sommermonaten finden zu später Stunde Führungen durch den Dom statt. Termine und Informationen unter der Telefonnummer: 04 51/ 7 47 04.

Von Dom und Zeughaus aus geht es die Hartengrube bergab an die **Obertrave**. 25 Schwans Hof, Hartengrube 18, ist der **älteste Wohngang** Lübecks und hat seinen Namen aus der Zeit um 1296, als die ersten Unterkünfte durch Johannes von Swane gebaut worden sind.

Heutzutage nehmen viele Lübecker für die Idylle eines Altstadthauses gern die Bedrohung durch Hochwasser und die Auflagen der Denkmalpflege in Kauf.

Die enge Bebauung dieses Viertels, übermäßige Tierhaltung auf kleinstem Raum und katastrophale hygienische Zustände boten idealen Nährboden für Pesterreger und innerhalb kürzester Zeit raffte die **Seuche anno 1350** ein Viertel der Lübecker Bevölkerung dahin.

Für das Wachstum der Stadt mußten innerhalb der Stadtmauern neue Wohnflächen erschlossen werden, denn die

Trave verhinderte als natürliche Grenze eine Ausdehnung der Stadtfläche. In Hinterhöfen entstanden „Buden": Häuschen mit einem Raum von ca 20 m².

INSIDER-TIPP

Wenn Sie die Fußgängerbrücke an der Dankwartsgrube überqueren und von der anderen Traveseite auf die Innenstadtinsel schauen, bietet sich Ihnen ein besonderer Blick auf die Fassaden der Obertrave mit Dom und Petrikirche im Hintergrund. Diese einmalige Perspektive auf die Altstadt gab der Ecke ihren Namen: „Malerwinkel".

Im Sommer sollten Sie sich einen Außenplatz in einem der **Restaurants und Straßencafés** an der Obertrave „kapern". Ab Mittag können Sie dort in der Sonne sitzen.
Entlang des gegenüberliegenden Ufers führt Sie die Wallstraße zur Freilichtbühne in den Wallanlagen. In den Sommermonaten finden dort Theateraufführungen für Kinder statt und in den Abendstunden Open-Air Kino für die Erwachsenen.

Die Obertrave entlang zurück in Richtung Holstentor und vorbei an der **Musikhochschule** führt die **Große Petersgrube** 26 den Altstadthügel wieder hinauf zur **Petrikirche**. Wie auf einer Schnur aufgereiht sind die Gebäudefassader der Großen Petersgrube 7-29 architektonische „Perlen" aus Gotik, Barock und Klassizismus. Die Große Petersgrube besitzt als einzige eine vollständig erhaltene Formation an **Originalfassaden**.

Bild oben:
Im Gebäude rechts residiert die einzige Musikhochschule Schleswig-Holsteins.

Nebenan in der Kleinen Petersgrube und Am Kolk haben sich das **Museum für Puppentheater** und das Lübecker **Marionettentheater** von Fritz Fey eingerichtet. Das Museum zeigt 5000 Exponate aus aller Welt, darunter Bühnen, Requisiten, Drehorgeln, Puppen und Spielfiguren aus aller Welt. Die Bandbreite des Programms der Marionettenbühne reicht von Klassikern und Märchen bis zu Varieté und Opern.

Museum für Puppentheater
Januar – März
11:00 bis 17:00 Uhr
April – Dezember
10:00 bis 18:00 Uhr

INSIDER-TIPP

Marionettentheater Fritz Fey

Vorstellungen für Kinder und Erwachsene im Marionettentheater beginnen um 15:00 Uhr und 19:30 Uhr, monatlich findet sonntags eine Matinee-Vorstellung um 11:00 Uhr statt, montags keine Vorstellung.

Aktuelles Programm unter Tel: 04 51/7 00 60

Die kleinen Gruben entlang des Kolks, wie Depenau, Marlesgrube oder Dankwartsgrube, laden bei romantischer Laternenbeleuchtung zum Bummeln und Einkehren in die zahlreichen **Cafés und Restaurants** dieses Quartiers ein.

PETRIKIRCHE

Bereits im Jahre 1170 erstmals erwähnt, wurde im 13. Jahrhundert an die Stelle einer **Holzkirche** der steinerne Bau einer dreischiffigen romanischen **Hallenkirche** gesetzt. Während ab 1350 die Pest in Lübeck wütete, ermöglichten zahlreiche Spenden für Seelenmessen den Anbau zweier Kapellen im 14. und 15. Jahrhundert. Damals erhielt **St. Petri** 27 seine heutige Grundform.

Öffnungszeiten
Kernzeit Di. - So.
11:00 - 16:00 Uhr
Bei Ausstellungen Di. - So.
11:00 - 17:00 Uhr
Montag geschlossen

Wie auch die Marienkirche, wurde St. Petri durch einen Bombenangriff in der Nacht zu Palmsonntag 1942 zerstört. Die ersten Restaurationsarbeiten erneuerten den Turm, die **Aussichtsplattform** und das Dach, so dass 1961 die berühmte Silhouette Lübecks mit allen **sieben Türmen** wieder vollständig war.

INSIDER-TIPP

Von der 50 m hohen Aussichtsplattform des St.-Petri-Turmes erschließt sich Ihnen ein weiter Blick über die Dächer der Lübecker Altstadtinsel und ihres Hinterlandes. Statt eines Aufstiegs erwartet Sie ein Fahrstuhl im Turminneren. Besonders reizvoll ist in den Sommermonaten ein Blick in die Hinterhöfe aus der Vogelperspektive.

Wechselnde Ausstellungen, musikalische Darbietungen, Lesungen, Symposien zu aktuellen gesellschaftspolitischen Themen und Andachten bilden heute ein Programm im Spannungsfeld zwischen Kunst, Kultur, Kirche und Gesellschaft.

Aussichtsplattform:
März 11:00 – 17:00
April - Okt. 9:00 – 19:00
November 11:00 – 17:00
Dez. 9:00 – 19:00 Uhr
Aktuelle Termine erfragen unter Tel: 04 51-39 77 30

Trotz verschiedener Baumeister die an St. Petri gearbeitet haben und immer neuer Änderungen der Baupläne, entstand ein harmonischer Kirchenraum, dessen reduzierte Gestaltung zur Besinnung einlädt.

Persönlichkeiten wie Richard Wagner, Iwan Turgenjew, Fjodor Dostojewski oder die Familie Mann fuhren nach Travemünde in die Sommerfrische.

1187 von **Graf Adolf III. zu Schauenburg** gegründet, kaufte Lübeck 1329 die Siedlung, um seine Herrschaft über die Travemündung und damit die freie Zufahrt in den Lübecker Hafen zu sichern. Wirtschaftliche Grundlage Travemündes war bis ins 18. Jhd. die Schifffahrt und der

Besichtigung der „Passat“ Mitte Mai – Mitte September 10:00 – 17:00 Uhr

Informationen unter: Telefon 0 45 02/52 87

Fischfang. Mehr und mehr wurde der kleine Ort beliebtes Ziel für wohlhabende Lübecker, die hier ihre Sommerfrische verbrachten. Den offiziellen Titel **Seebad** erhielt Travemünde im Jahre 1802 und vollzog damit den Wandel vom Fischerdorf zum **Kur- und Tourismuszentrum**.

Bereits ein Jahr später öffnete das Kurhaus seine Pforten und bot den Kurgästen erste gesundheitsfördernde Anwendungen. Durch Aufnahme der **Fährverbindungen** nach Riga, St. Petersburg und in die dänische Hauptstadt bekam der Kurort auch international einen Stellenwert.
Besonders für vermögende Besucher aus Russland war einer der Hauptanziehungspunkte das **Casino**, in dem man sich zum Roulettespiel traf. In dem im Frühjahr 2003 sorgfältig renovierten Casino Travemünde des Hotels Vier Jahreszeiten können Sie heute wieder „Ihr Spiel machen".

Die Tradition der alljährlich stattfindenden „Travemünder Woche" beweist, dass hier schon immer Segler und Wassersportfreunde auf ihre Kosten kamen.
Auch heute ist Travemünde international als Treffpunkt für Wassersportler aller Couleur beliebt.

Hinter dem Casino führt Sie die rund 2 km lange Strandpromenade an die Steilküste des Brodtener Ufers. Von dort sind es über den Wanderweg entlang der Küste nur 6 km bis Niendorf. Wir empfehlen diesen Spaziergang für Tage mit klarer Fernsicht.

Wahrzeichen Travemündes ist die Viermastbark **„Passat"**, die 1959 ihren letzten Liegeplatz am östlichen Ufer der Travemündung gefunden hat. Damals vor dem Abwracken bewahrt, steht sie heute unter Denkmalschutz und kann besichtigt werden. In ihrem Windjammer-Leben umrundete Sie 39mal Kap Hoorn und zweimal die Welt.

Weiße Häuserfassaden, stilvoll restauriert, erinnern in Travemündes „Vorderreihe" an die klassische Seebad-Architektur des 19. Jahrhunderts.

Am gegenüberliegenden Ufer werden in der Sommersaison Führungen durch den **ältesten Leuchtturm** der gesamten Ostseeküste angeboten. Sie können das technische Kulturdenkmal das ganze Jahr jeden Mittwoch um 17:00 Uhr besichtigen.

VERANSTALTUNGEN
IN LÜBECK UND TRAVEMÜNDE

MÄRZ

Lübecker Frühjahrsmarkt
Auf der Wallhalbinsel bieten Fahrgeschäfte und Buden mit vielen Leckereien ein buntes Treiben für die ganze Familie.

APRIL

Handel und Hanse
Verbrauchermesse mit Ausstellern aus Handel, Handwerk, Industrie und Dienstleistung auf dem Volksfestplatz.

Brahms-Festival
Die Musikhochschule Lübeck bietet eine Fülle an Konzert-Highlights, weltbekannten Solisten und Werke von Brahms.

Drachenfest in Travemünde
Deutschlands größtes Drachenfest am Himmel über Travemünde mit buntem Rahmenprogramm am Boden.

MAI

Markt „Anno Dazumal"
Nostalgisches Markttreiben aus vergangenen Zeiten auf dem Rathausmarkt.

JUNI

Volks- und Erinnerungsfest
Mit einem Volksfestumzug durch die Stadt beginnt der vierwöchige „Rummel" mit Karussells und Buden.

JULI

German Grand Prix des Class1 World Offshore Championship
Deutscher Lauf der Powerboote am ersten Juliwochenende in der Lübecker Bucht vor Travemünde.

Schleswig-Holstein-Musikfestival
Klassische Konzerte mit hochrangigen Musikern besetzt an den schönsten Orten Schleswig-Holsteins mit dem Eröffnungskonzert in Lübeck. Jährlich wechselnde Themen.

Travemünder Woche
Seit über 110 Jahren wird in div. Klassen um erste Plätze gesegelt, mit buntem Treiben am Wasser auch für Landratten.

Freilicht Theater
Beginn der Theatersaison für Kinder auf der Freilichtbühne, wo Pippi Langstrumpf auf Urmel aus dem Eis trifft.
Jährlich wechselndes Programm.

Sandskulpturen-Festival SANDWORLD in Travemünde
Von Juli bis August formen internationale Skulpteure aus 8 Mio. kg Sand eindrucksvolle, mehrere Meter hohe Objekte und Szenen.

AUGUST

Duckstein Festival am Traveufer
Kleinkunst-Festival rund um die Musik- und Kongesshalle mit internationalem Flair, Live-Musik, Comedians, Straßenkünstlern und Pagoden mit Kunsthandwerkern.

Sommeroperette
Klassische Aufführungen an traditionsreichen Orten der Stadt und auf der Freilichtbühne. Jährlich wechselndes Programm.

AUGUST

Travemünder St.-Lorenz-Markt
Rund um die Travemünder St. Lorenz Kirche trifft man sich rund um den Kirchplatz zum Feiern, Essen, Trinken, Tanzen und Handeln.

Friendship-Party im Lübecker Hafen
Auf bunten Partyschiffen wird von 15:00 – 23:00 Uhr getanzt und gefeiert. Die maritime Love-Parade geht in den Clubs weiter.

SEPTEMBER

Altstadtfest
Jedes 2. Jahr am 2. Wochenende wird die Lübecker City zum Festplatz umfunktioniert. In Gängen und Gassen der Altstadt wird gefeiert.

Lübecker Hafenfest
Die Straße „An der Untertrave" wird zur Festmeile. Diesseits der Kaimauer locken Buden und Stände, jenseits davon auf dem Wasser präsentieren sich die Oldtimer des Meeres.

OKTOBER

Lübecker Herbstmarkt
Äquivalent zum Frühjahrsmarkt auf der Wallhalbinsel.

Drachenfest in Travemünde
Bunte Drachen am Himmel, bunte Blätter am Boden: Herbstlicher Saisonabschluß im Ostseebad. Drachen aller Bau- und Lenkarten tanzen im Wind.

NOVEMBER

Nordische Filmtage
Vorführung skandinavischer, finnischer und baltischer Filme mit abschließender Prämierung. Zusätzlich werden die neuesten Filme des schleswig-holsteinischen Filmforums gezeigt.

VORWEIHNACHTSZEIT – ENDE NOVEMBER/DEZEMBER

Lübecker Kunsthandwerkermarkt in St. Petri
Professionelle und handverlesene Kunsthandwerker bieten in der Petrikirche ihre Arbeiten an.

Maritimer Weihnachtsmarkt im Schuppen 9
Der ehemaligen Hafenschuppen ist heute bekannter Veranstaltungsort mit rustikal-uriger Atmosphäre.

Kunsthandwerker-Weihnachtsmarkt im Heiligen-Geist-Hospital
Weit über die Stadttore Lübecks hinaus bekannter und renommierter Weihnachtsmarkt in mittelalterlichem Ambiente. Mit Wartezeit!

Lübecker Weihnachtsmarkt – Kohlmarkt, Koberg, Breite Straße
Weihnachtlich geschmückte und erleuchtete Innenstadt mit beliebten Glühweinständen, Würstchen- und Mutzenbuden.

Märchenwald
Zwischen St. Marien und dem Buddenbrookhaus lädt der Märchenwald die kleinen Besucher zum Staunen und Lachen ein.
Kleine Holzbühnen zeigen bewegliche Märchenfiguren, akustische Einspielungen erzählen die passenden Geschichten zu den Figuren.

ALLGEMEINE INFORMATIONEN

WICHTIGE TELEFONNUMMERN

Nach Deutschland: Int. Vorwahl 0049,
Lübeck (0)451,
Travemünde (0)4502

- ***Polizei/Notruf 110***
- ***Feuerwehr 112***

ÄRZTLICHER BEREITSCHAFTSDIENST

Parade 5, rechts neben dem Marienkrankenhaus
19:30 – 23:30 (Mo. – Fr.), Mi. 13:30 – 23:30 Uhr
Wochenende + Feiertags 8:00 – 23:00 Uhr
Notruf-Telefon 7 10 81

TIERÄRZTLICHER NOTDIENST

Aktuellen Notdienst unter Telefon 7 10 81 erfragen

ZAHNÄRZTLICHER NOTDIENST

Akt. Notdienst unter Telefon 69 19 13 erfragen

GESCHÄFTE

Mo. – Fr. von 9:00 – 19:00, Sa. von 9:00 – 16:00 Uhr

POSTAMT

(Innenstadt) Königstraße 44-46, Tel. 70 21 50,
Mo. – Fr. 8:00 – 18:30 Uhr, Sa. 8:30 – 13:00 Uhr

JUGENDHERBERGEN/ BACKPACKERS

- CVJM Lübeck e.V., Große Petersgrube 11, Telefon 7 19 20
- Rucksackhotel, Kanalstraße 70, Telefon 70 68 92
- Jugendherberge Altstadt, Mengstraße 33, Telefon 7 02 03 99
- Jugendherberge Lübeck, Am Gertrudenkirchhof 4, Telefon 3 34 33

BANKEN

- Geldwechsel in allen Banken
  Mo.-Fr. 08:30 – 18:30 Uhr, Mi. nur bis 13:00 Uhr
- und in der Wechselstube am Hauptbahnhof
  Mo. – Sa. 9:30 – 18:30 Uhr, So. 9:30 – 13:00 Uhr

PRESSE

- Lübecker Nachrichten (täglich, außer montags)
- Lübecker Wochenspiegel (donnerstags)
- Stadtmagazine, kostenlos
- Ultimo, Szene, Piste (monatl. mit Veranstaltungen)

TAXEN/ PERSONENBEFÖRDERUNG

- Lübecker Funktaxen, Tel. 81122
- Ossi-Taxi, Tel. 81111
- Minicar, Tel. 71011
- Maxicar, Tel. 74444
- Radi´s Taxi Service, Tel. 44244
- Behindertentaxi, Tel. 81121

IMPRESSUM

Gedruckt auf **CREATOR SILK 135g/m²** dreifach seidenmatt gestrichen holzfrei Bilderdruck mit mediterraner Weiße von **CLASSEN-PAPIER**.

ISBN 3-00-011284-7

Verlag:
Hanseatischer Verlag Koller GmbH
Seelandstr. 14-16 · 23569 Lübeck
Telefon: 04 51 | 307 22 71
Telefax: 04 51 | 307 26 64

Fotos:
Thomas Radbruch

Gesamtherstellung:
SCHIPPLICK WINKLER Printmedien
Seelandstr. 14-16 · 23569 Lübeck
Telefon: 04 51 | 87 215-0
Telefax: 04 51 | 87 215-25
www.suw-medien.de